Impressum
Verlag: BABADADA GmbH, Nedderfeld 112 , 22529 Hamburg
Geschäftsführer / Verlagsleitung: Harald Hof
Druck: Books on Demand GmbH, In de Tarpen 42, 22848 Norderstedt

Imprint
Publisher: BABADADA GmbH, Nedderfeld 112 , 22529 Hamburg, Germany
Managing Director / Publishing direction: Harald Hof
Print: Books on Demand GmbH, In de Tarpen 42, 22848 Norderstedt

escola

scol

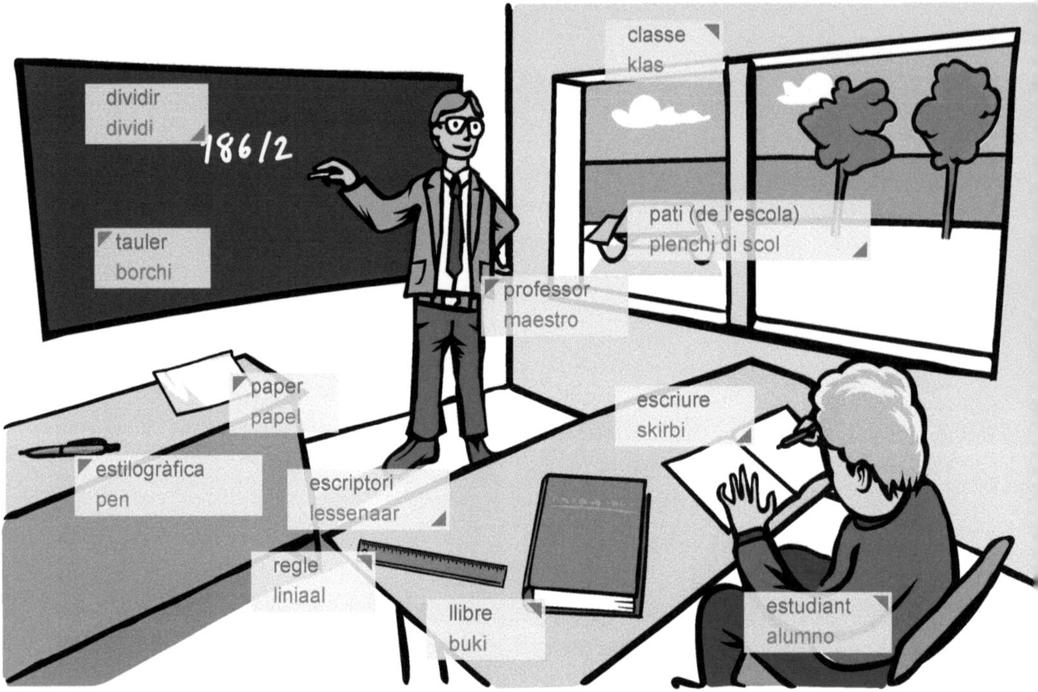
classe
klas
dividir
dividi
186/2
tauler
borchi
pati (de l'escola)
plenchi di scol
professor
maestro
paper
papel
escriure
skirbi
estilogràfica
pen
escriptori
lessenaar
regle
liniaal
llibre
buki
estudiant
alumno

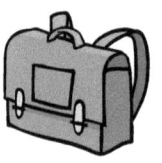

bossa

tas di scol

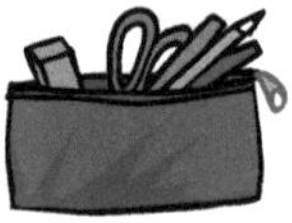

estoig

etui

llapis

potlood

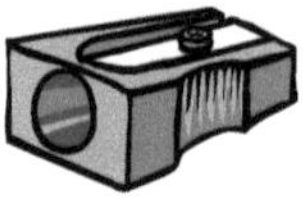

maquineta de fer punta

slijper

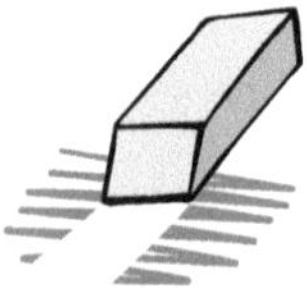

goma

gum

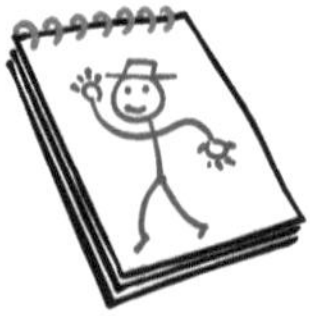

bloc de dibuix

buki di pinta

dibuix

pintura

pinzell

cuashi

capsa de pintures

caha di verf

tisores

sker

cola

lijm

quadern d'exercicis

schrift

deures

huiswerk

nombre

number

afegir

suma

sostreure

kita

multiplicar

multiplica

calcular

conta

lletra

letter

alfabet

alfabet

mot

palabra

text
texto

llegir
lesa

guix
krijt

lliçó
les

llibre de classe
klassenboek

examen
examen

certificat
diploma

uniforme escolar
uniform di scol

formació
estudio

enciclopèdia
enciclopedia

universitat
universidad

microscopi
microscop

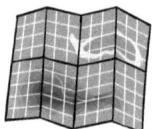

mapa
mapa

paperera
bari di sushi

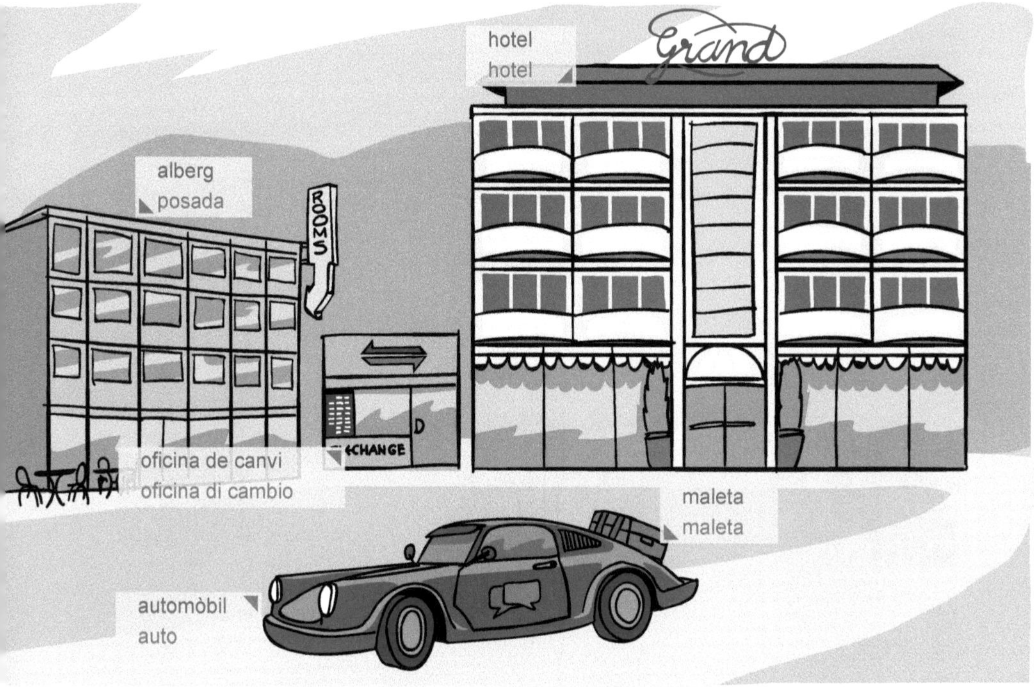

hotel
hotel
Grand
alberg
posada
ROOMS
€CHANGE
oficina de canvi
oficina di cambio
maleta
maleta
automòbil
auto

llengua

idioma

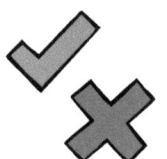

sí / no

si / no

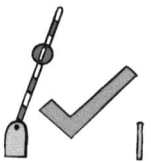

D'acord

bon

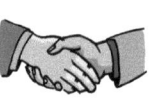

Ey!

hallo

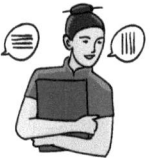

traductora

tolk

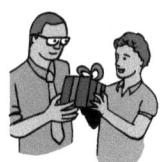

gràcies

masha danki

Quant costa… ?
Cuanto esaki ta costa?

No entenc
Mi no ta compronde

problema
problema

Bona nit!
bon nochi

bon dia!
Bon dia!

bona nit!
Bon nochi!

fins aviat
ayo

direcció
direccion

bagatge
maleta

bossa
handbag

sarrona
rugtas

convidat
huesped

cambra
camber

sac de dormir
slaapzak

tenda
tent

oficina de turisme

informacion pa turista

platja

lama

carta de crèdit

credit card

esmorzar

desayuno

dinar

cuminda di merdia

sopar

cuminda di anochi

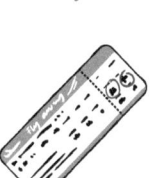

bitllet

carchi

ascensor

cabe'i boto

segell

stampia

frontera

grens

duana

duana

ambaixada

embahada

visat

visa

passaport

paspoort

transport

transport

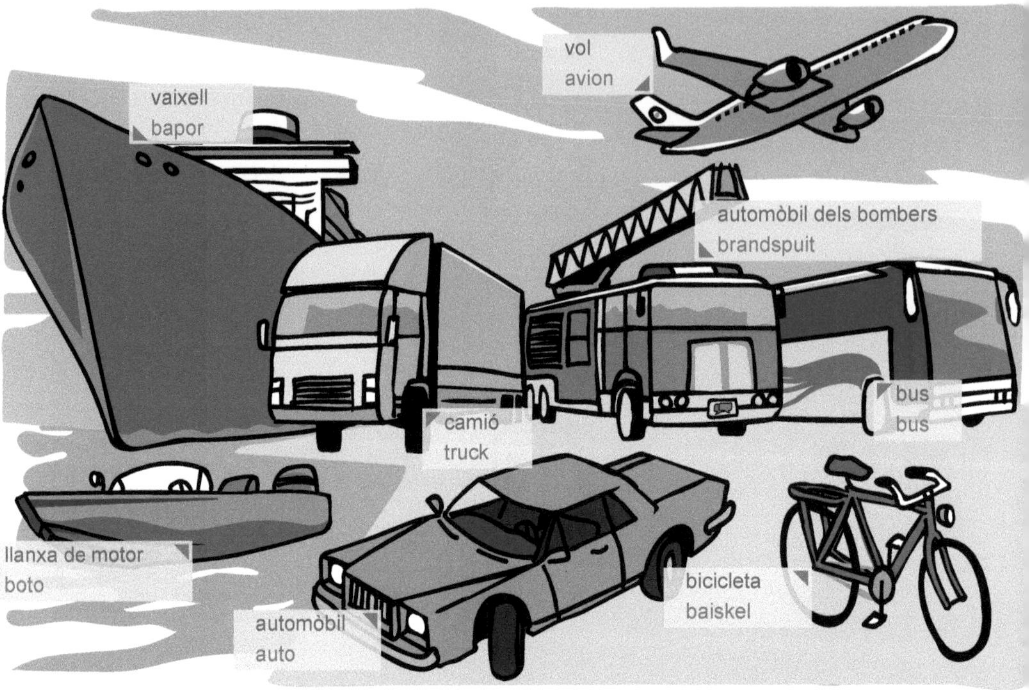
vol
avion
vaixell
bapor
automòbil dels bombers
brandspuit
camió
truck
bus
bus
llanxa de motor
boto
bicicleta
baiskel
automòbil
auto

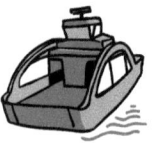

transbordador
....
ferry

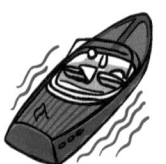

barca
....
boto

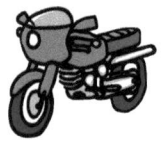

moto
....
brommer

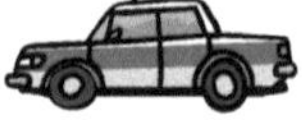

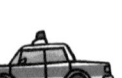

automòbil de policia
....
auto di polis

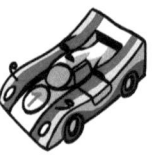

automòbil de curses
....
auto di careda

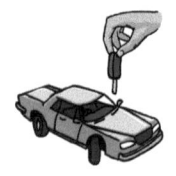

automòbil de lloguer
....
auto di huur

vehicle compartit

car sharing

grua

takelwagen

camió de les escombraries

dump truck

motor

motor

benzina

gasolin

benzineria

pomp di gasolin

senyal de trànsit

borchi di trafico

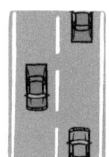

trànsit

trafico

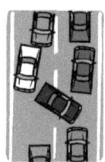

embús

fila

aparcament

parkeerplaats

estació de trens

stacion di trein

vies

riel

tren

trein

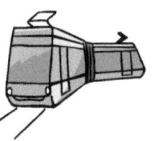

tramvia

tram

vagó

wagon

helicòpter

helicopter

aeroport

aeropuerto

torre

toren

passatger

pasahero

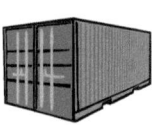

contenidor

container

capsa de cartó

caha di carton

carretó

garoshi

cistella

macutu

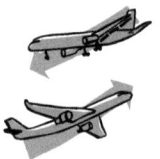

enlairar-se / aterrar

lanta / baha

ciutat
ciudad

poble

pueblo

centre de la ciutat

centro di ciudad

casa

cas

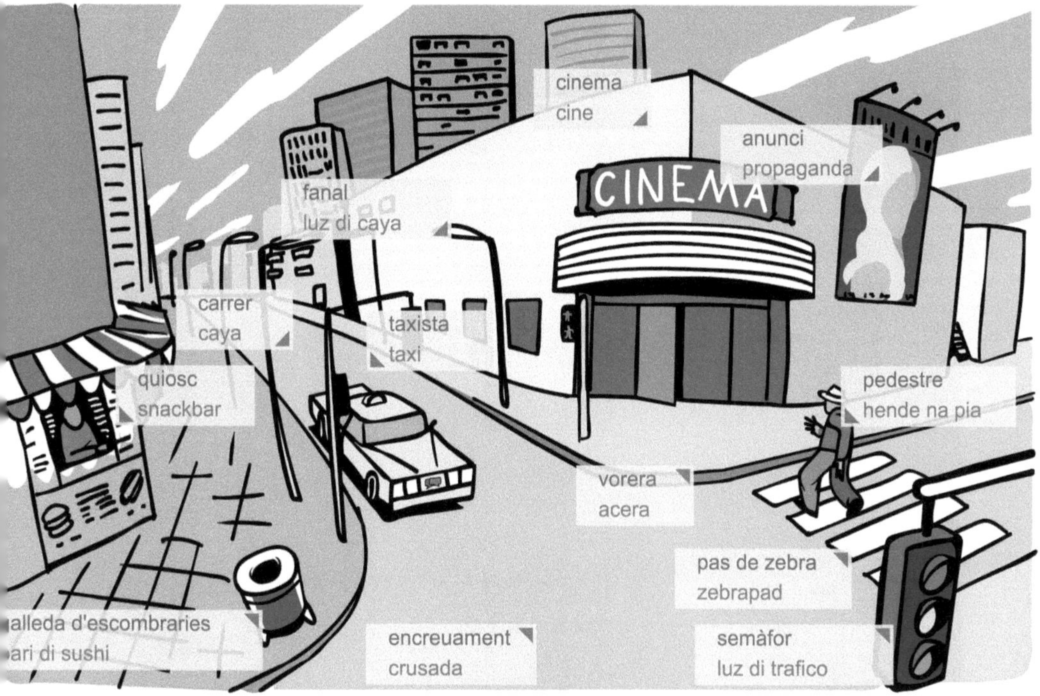

cinema
cine

anunci
propaganda

fanal
luz di caya

carrer
caya

taxista
taxi

quiosc
snackbar

pedestre
hende na pia

vorera
acera

pas de zebra
zebrapad

alleda d'escombraries
ari di sushi

encreuament
crusada

semàfor
luz di trafico

CINEMA

cabana

hut

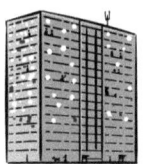

apartament

flat

estació de trens

stacion di trein

casa de la vila-ciutat

stadhuis

museu

museo

escola

scol

universitat	banca	hospital
universidad	banco	hospital

hotel	farmàcia	oficina
hotel	botica	oficina

llibreria	botiga	floristeria
boekhandel	tienda	floresteria

supermercat	mercat	gran magatzem
supermarket	mercado	department store

peixateria	centre comercial	port
bendedo di pisca	shopping center	haf

parc
park

banc
banki

pont
brug

escala
trapi

metro
metro

túnel
tunnel

parada d'autobús
parada di bus

bar
bar

restaurant
restaurant

bústia de correu
postbox

senyal indicador
borchi di nomber di caya

parquímetre
parkeermeter

zoo
parke di bestia

piscina
piscina

mesquita
moskee

granja
cunucu

pol·lució
polucion

cementiri
santana

església
misa

parc infantil
speelplaats

temple
tempel

paisatge
paisahe

fulla
blachi

cartell indicador
borchi di direccion

camí
caminda

prat
sabana

pedra
piedra

excursionista
keirodo

arbre
palo

riu
riu

gespa
yerba

flor
flor

paisatge - paisahe

vall
vallei

muntanya
sero

llac
lago

bosc
mondi

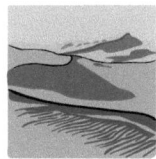

desert
desierto

volcà
volcan

castell
kasteel

arc de Sant Martí
arco iris

bolet
paddenstoel

palmera
palma

moscard
sangura

mosca
musca

formiga
vruminga

abella
bij

aranya
haraña

escarabat

tor

granota

dori

esquirol

eekhoorn

eriçó

porcospina

llebre

coneu

òliba

shoco

ocell

parha

cigne

zwaan

senglar

porco di mondi

cervo

bina

ant

eland

presa

dam

turbina

molina di biento

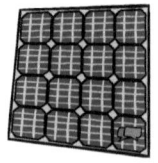

panell solar

panel solar

clima

clima

restaurant

restaurant

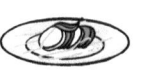

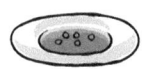

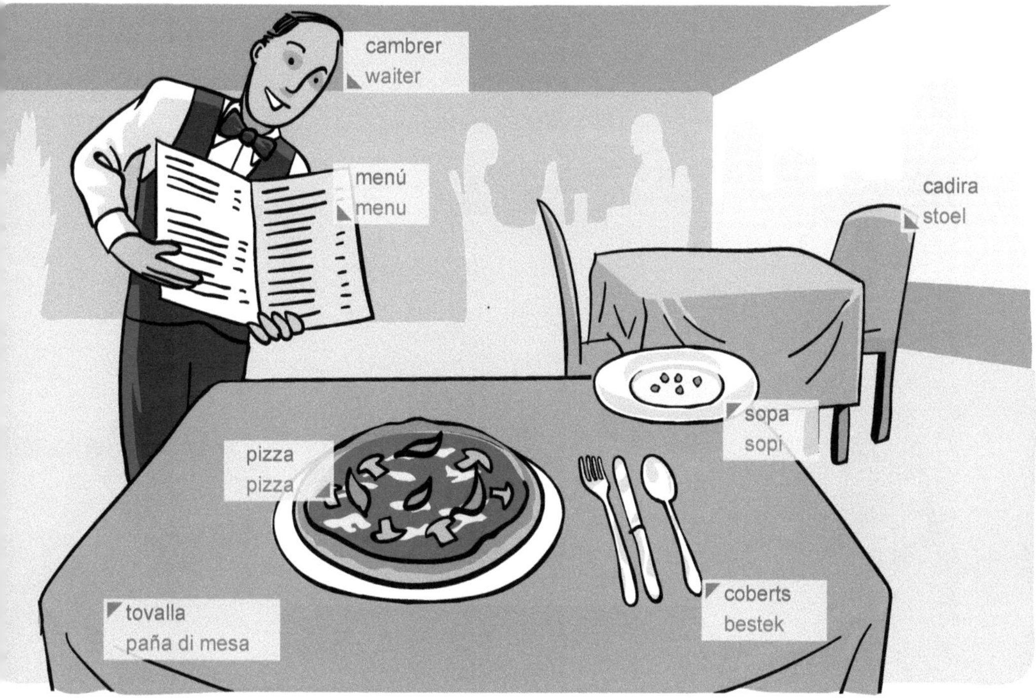
cambrer
waiter
menú
menu
cadira
stoel
sopa
sopi
pizza
pizza
coberts
bestek
tovalla
paña di mesa

primer plat

aperitivo

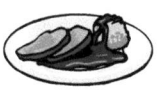

plat principal

cuminda principal

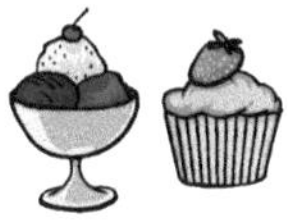

darreries

dessert

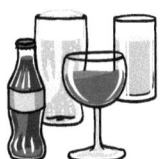

begudes

bebida

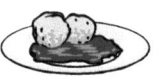

menjar

cuminda

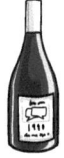

ampolla

boter

menjar ràpid

fastfood

menjar de carrer

streetfood

tetera

canica di te

sucrer

pochi di sucu

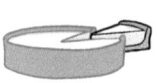

porció

porcion

màquina d'espresso

espressomachine

trona

stoel di mucha

factura

cuenta

plata

hasechi

ganivet

cuchiu

forqueta

forki

cullera

cuchara

cullereta

telep

tovalló

napkin

got

glas

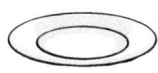

plat

tayo

plat de sopa

tayo di sopi

plateret

scoter

salsa

saus

saler

pochi di salo

molinet de pebre

mulina di peper

vinagre

binager

oli

azeta

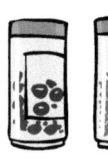

espècies

specerij

quètxup

ketchup

mostassa

mosterd

maionesa

mayonaise

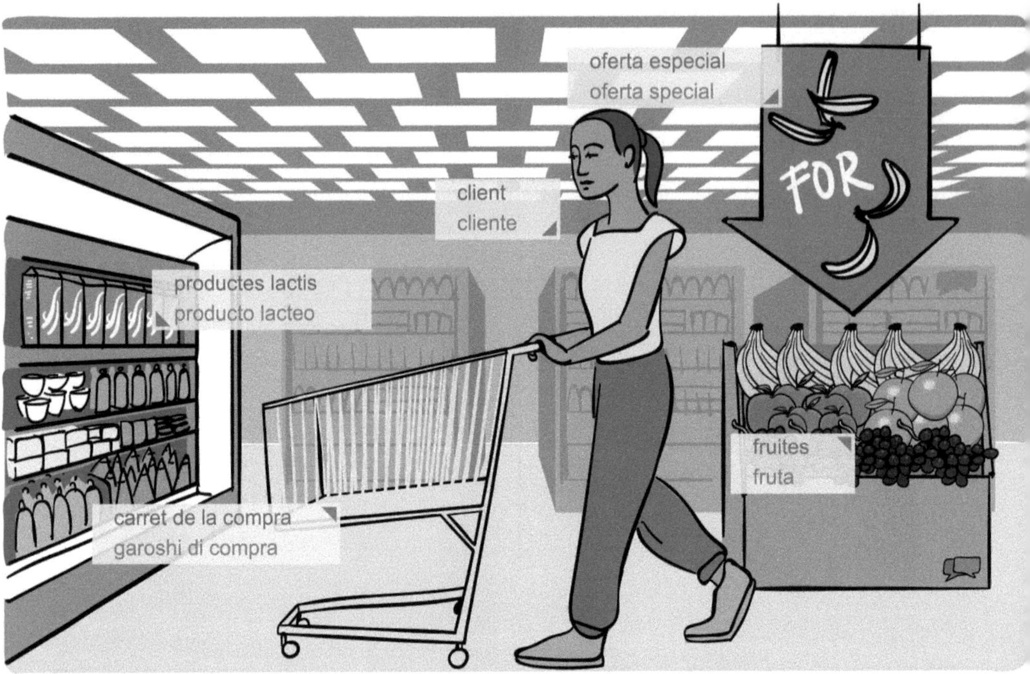

oferta especial
oferta special
FOR
client
cliente
productes lactis
producto lacteo
fruites
fruta
carret de la compra
garoshi di compra

BUTCHERS

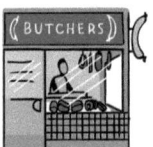

carnisseria

carniceria

BAKERY

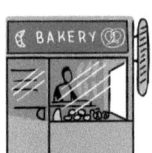

forn de pa

panaderia

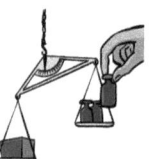

pesar

pisa

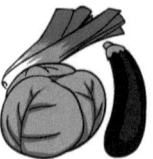

verdures

berdura

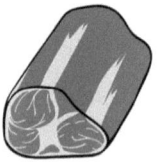

carn

carni

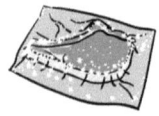

menjar congelat

frozen food

carn freda

beleg di carni

conserves

cuminda di bleki

detergent en pols

detergente na puiro

dolços

mangel

articles domèstics

producto pa cas

productes de neteja

articulo di limpiesa

venedora

bendedo

caixa registradora

cahero

caixera

cahero

llista de la compra

lista di compra

horari d'obertura

orario

portamonedes

cartera

carta de crèdit

credit card

bossa

tas

bossa de plàstic

saco di plastic

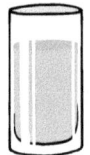

aigua

awa

suc

juice

llet

lechi

coca-cola

cola

vi

biña

cervesa

cerbes

alcohol

alcohol

cacau

chocomel

te

te

cafè

koffie

espresso

espresso

cappuccino

cappuccino

banana

bacoba

poma

appel

taronja

apelsina

síndria

milon

llimona

lamunchi

pastanaga

wortel

all

conoflok

bambú

bambu

ceba

siboyo

bolet

mushroom

avellanes

noot

fideus

pasta

espaguetis

spaghetti

arròs

aros

amanida

salada

patates fregides

batata hasa

patates fregides

batata hasa

pizza

pizza

hamburguesa

hamburger

entrepà

sandwich

escalopa

cutlet

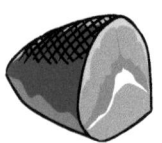

cuixot

ham

salami

salami

salsitxa

soseishi

pollastre

galiña

rostit

hasa

peix

pisca

flocs de civada

papa

musli

müsli

cereals

cornflakes

farina

hariña

croissant

croissant

panet

pan rondo

pa

pan

torrada

toast

bescuits

cuki

mantega

manteca

mató

kwark

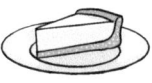

pastís

bolo

ou

webo

ou fregit

webo hasa

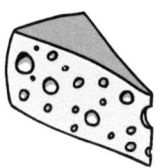

formatge

keshi

gelat

ijscream

sucre

sucu

mel

honing

melmelada

jam

crema de xocolata

pasta di chuculati

curri

curry

menjar - cuminda

granja
cunucu

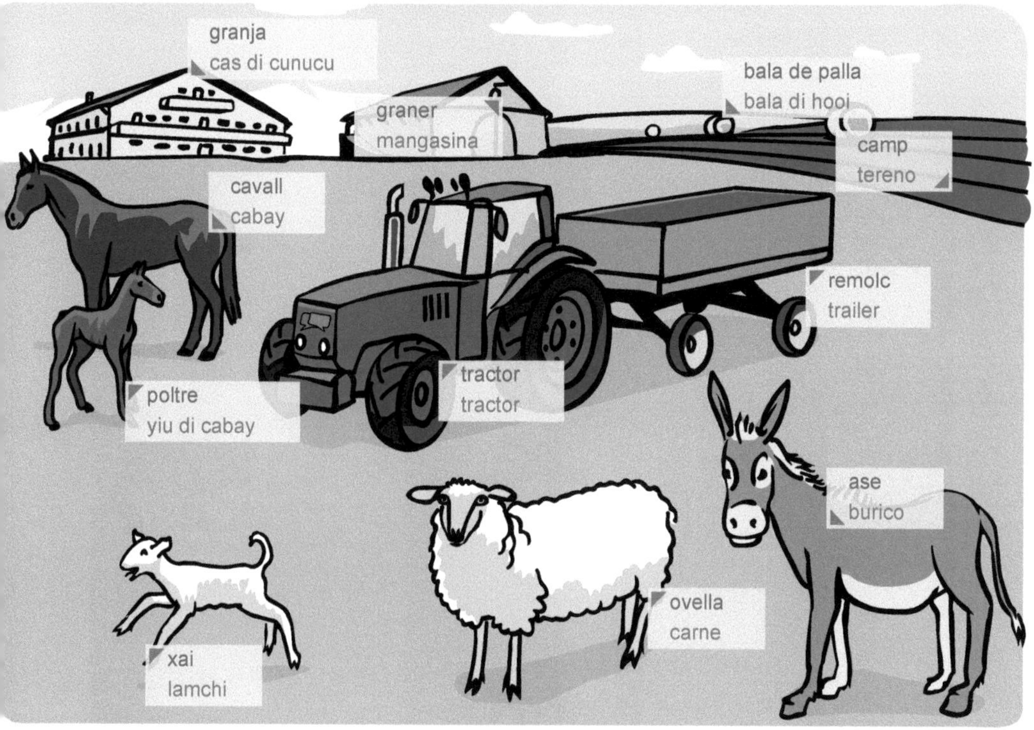

granja
cas di cunucu
graner
mangasina
bala de palla
bala di hooi
camp
tereno
cavall
cabay
remolc
trailer
tractor
tractor
poltre
yiu di cabay
ase
burico
ovella
carne
xai
lamchi

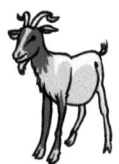

cabra

cabrito

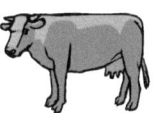

vaca

baca

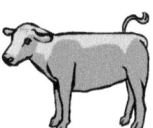

vedella

bishe

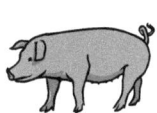

porc

porco

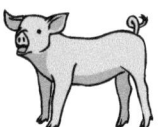

garrí

yiu di porco

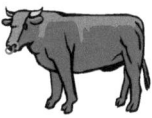

bou

toro

oca
gans

ànec
pato

poll
puyito

gall
galiña

gallina
gay

rata
djaca

gat
pushi

ratolí
raton

bou
toro

gos
cacho

gossera
cas di cacho

mànega de regar
slang pa muha mata

regadora
gieter

dalla
herment pa corta yerbe

arada
ploeg

falç

garabati

aixada

chapi

forca

forki pa coy hooi

destral

hacha

carretó

garetia

abeurador

pesebre

lletera

canica di lechi

sac

saco

tanca

heki

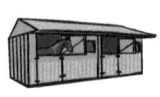

establa

stal

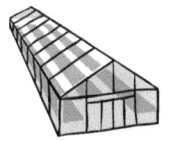

hivernacle

greenhouse

sòl

suela

llavor

simia

adob

mest

collidora

mashin di cosecha

collir

cosecha

collita

cosecha

nyam

yams

blat

trigo

soja

soya

patata

batata

blat de moro o d'indi

maishi

colza

canola

arbre fruiter

palo di fruta

mandioca

yuca

cereals

grano

casa

cas

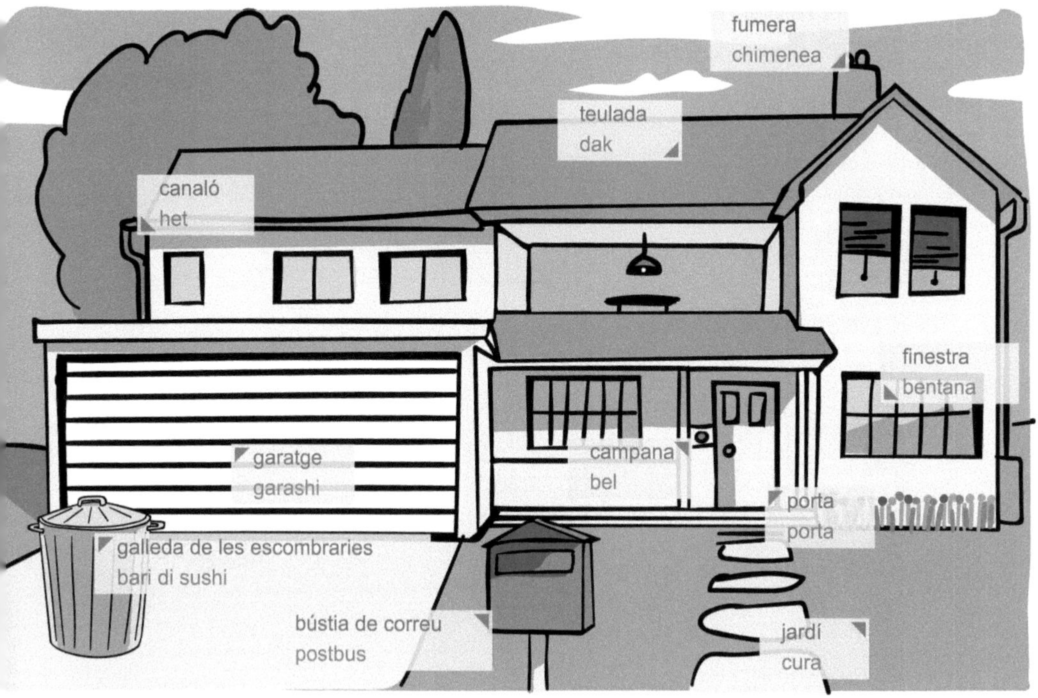
fumera
chimenea
teulada
dak
canaló
het
finestra
bentana
garatge
garashi
campana
bel
porta
porta
galleda de les escombraries
bari di sushi
bústia de correu
postbus
jardí
cura

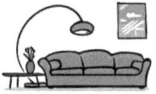

sala d'estar

sala

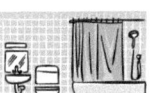

bany

baño

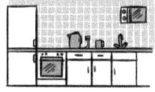

cuina

cushina

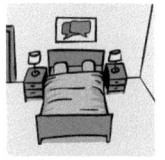

cambra de dormir

camber

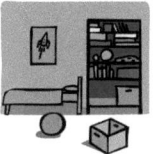

cambra de nen

camber di mucha

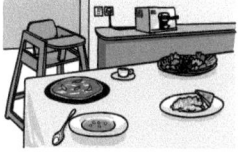

menjador

comedo

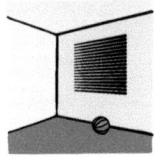

sòl
suela

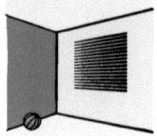

paret
muraya

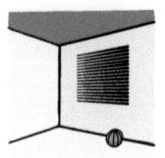

sostre
blafon

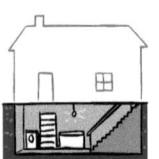

soterrani
bodega

sauna
sauna

balcó
balcon

terrassa
terasa

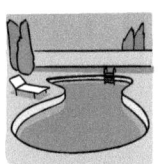

piscina
piscina

tallagespa
mashin di corta yerba

vànova
laken

cobrellit
bedsprei

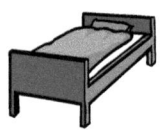

llit
cama

escombra
basora

galleda
hemchi

interruptor
switch

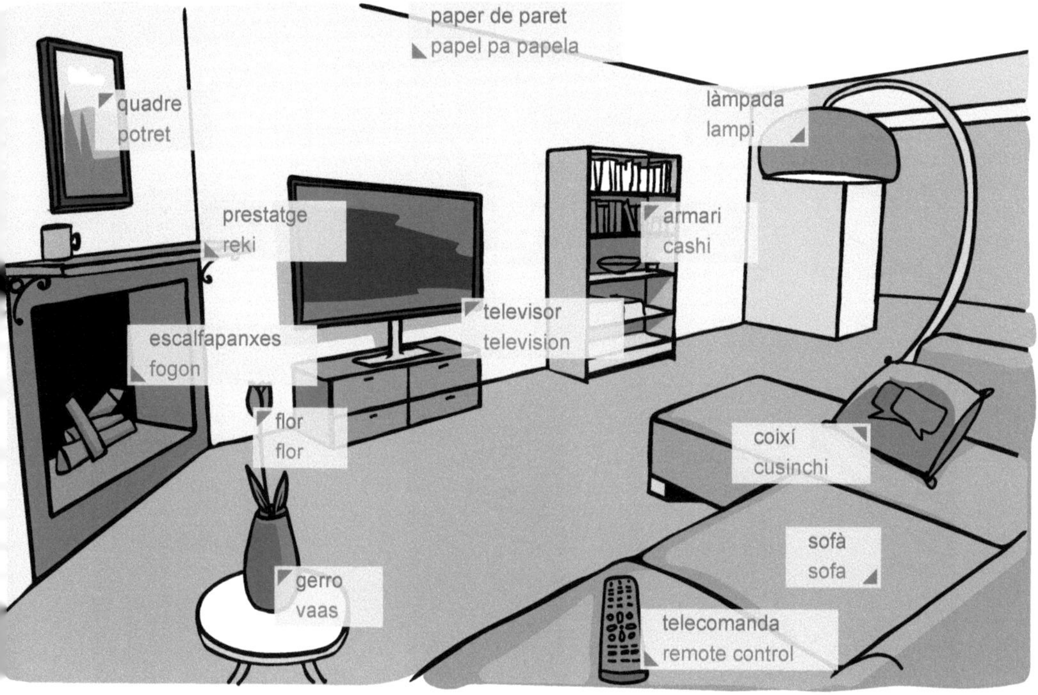

paper de paret
papel pa papela

quadre
potret

làmpada
lampi

prestatge
reki

armari
cashi

escalfapanxes
fogon

televisor
television

flor
flor

coixí
cusinchi

gerro
vaas

sofà
sofa

telecomanda
remote control

catifa
tapijt

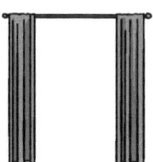

cortina
cortina

taula
mesa

cadira
stoel

cadira gronxadora
stoel di zoya

cadiral
stoel

llibre

buki

llençol

dekel

decoració

decoracion

llenya

palo pa kima

film

film

cadena de música

stereoset

clau

yabi

diari

corant

pintura

cuadra

cartell

poster

ràdio

radio

bloc de notes

blocnote

aspiradora

stofzuiger

cactus

cadushi

candela

bela

cuina
cushina

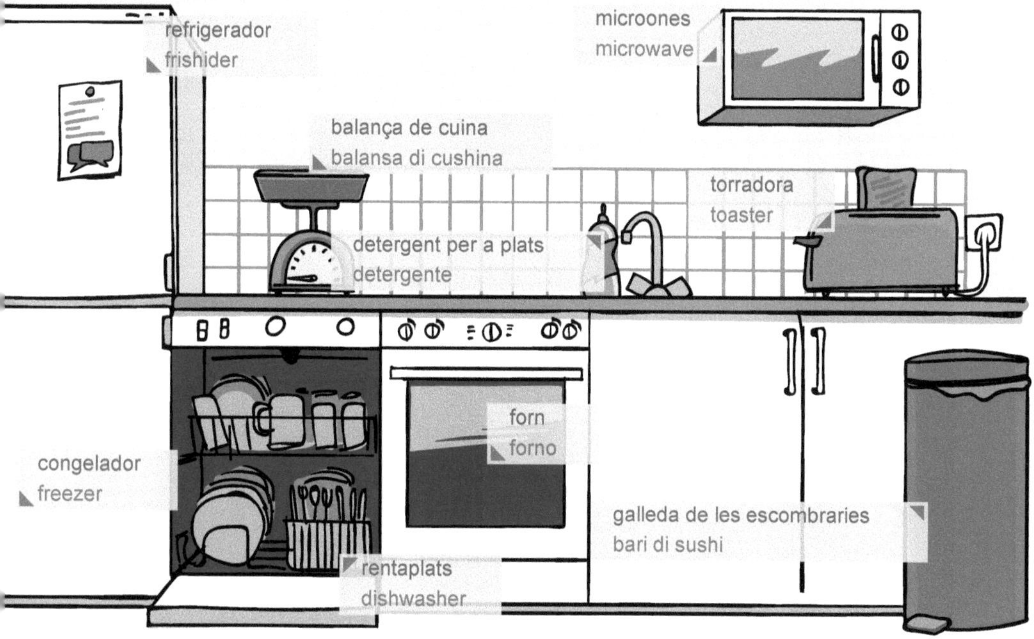

refrigerador
frishider
microones
microwave
balança de cuina
balansa di cushina
torradora
toaster
detergent per a plats
detergente
forn
forno
congelador
freezer
galleda de les escombraries
bari di sushi
rentaplats
dishwasher

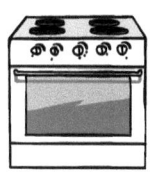

cuina de fogons

stoof

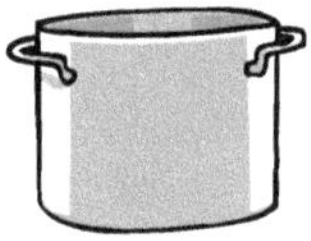

olla

wea

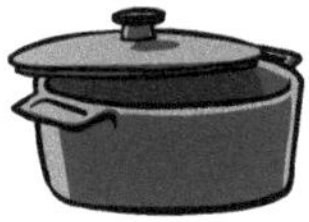

olla de ferro colat

wea di hero

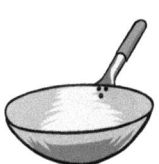

wok / karahi

wok

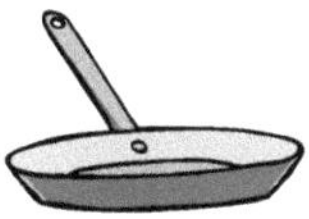

paella

planchi

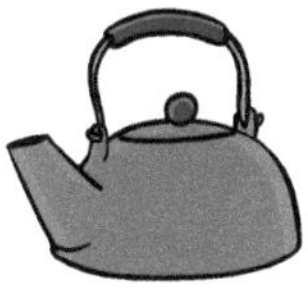

bullidor

ketel

olla de vapor

steamer

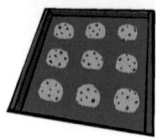

plata de forn

teblachi pa horna

vaixella

servies

tassa grossa

beker

bol

conchi

bastonets xinesos

chopstick

culler

cuchara di sopi

espàtula

spatula

batedor

garde

colador

scurido

sedàs

colado

ratllador

raspa

morter

fenso

barbacoa

barbecue

foc a terra

candela

taula de tallar

planki pa corta

corró

rostok

llevataps

kurkentrek

pot de conserva

bleki

obridor

cos di habri bleki

agafador

pannenlap

aigüera

wasbak

raspall

skeiro

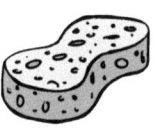

esponja

spons

batedora

blender

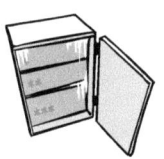

congelador

freezer

biberó

tetero

aixeta

cranchi

bany

baño

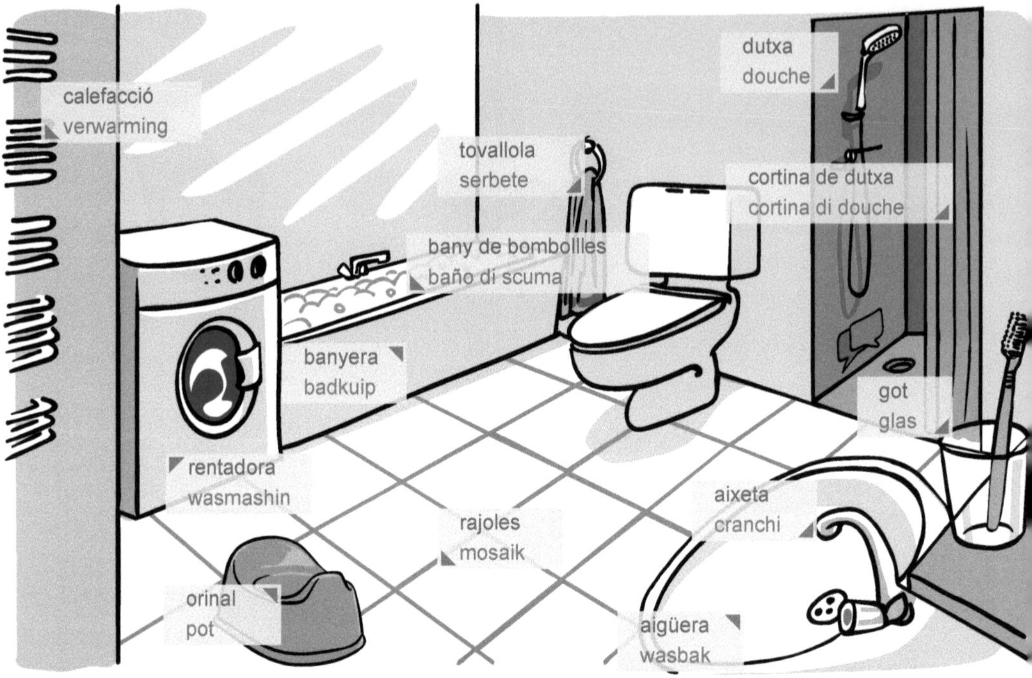

calefacció
verwarming
tovallola
serbete
dutxa
douche
cortina de dutxa
cortina di douche
bany de bombollles
baño di scuma
banyera
badkuip
got
glas
rentadora
wasmashin
aixeta
cranchi
rajoles
mosaik
orinal
pot
aigüera
wasbak

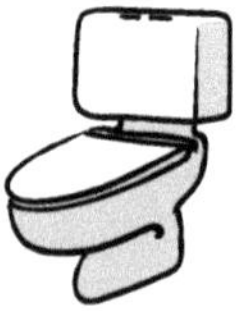

lavabo

tualet

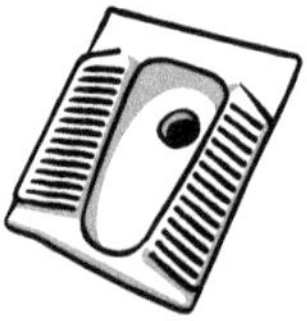

lavabo turc

hurktoilet

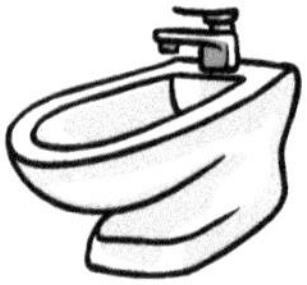

bidet

bidet

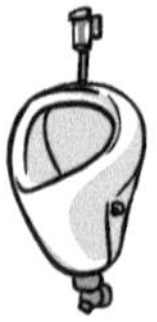

orinador

urinal

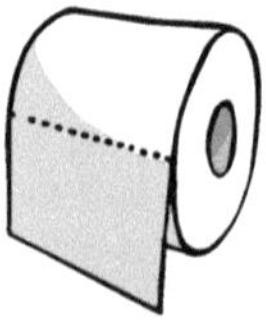

paper higiènic

papel di w.c.

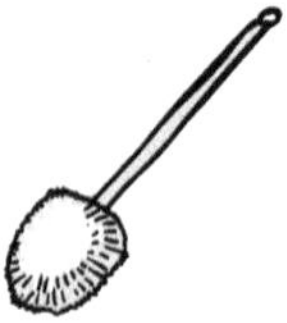

escombreta de sanitari

skeiro di w.c.

raspall de dents

skeiro di djente

pasta de dents

pasta di djente

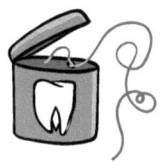

fil dental

dental floss

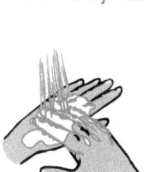

rentar

laba

pom de dutxa

douche di man

dutxa íntima

bidet

rentamans

tobo

raspall per a l'esquena

skeiro

sabó

habon

gel de dutxa

shower gel

xampú

shampoo

manyopla de bany

washandje

bonera

drain

crema

crema

desodorant

desodorante

mirall

spiel

mirall-espill de mà

spiel di man

maquineta de rasar

blet

espuma de barbejar

shaving foam

loció post-rasada

aftershave

pinta

peña

raspall

skeiro

eixugador

blower

laca

spray pa cabey

maquillatge

makeup

pintallavis

lipstick

esmalt d'ungles

cos di pinta huña

cotó

catuna

tallaungles

sker pa corta huña

perfum

perfume

estoig de bellesa
....
tas

tamboret
....
kruk

bàscula
....
balansa

barnús
....
bata

guants de goma
....
handschoen

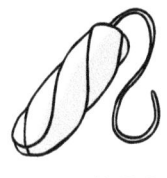

compresa higiènica
....
tampon

compresa
....
kotex

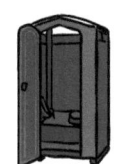

sanitari químic
....
wc kimico

cambra de nen
camber di mucha

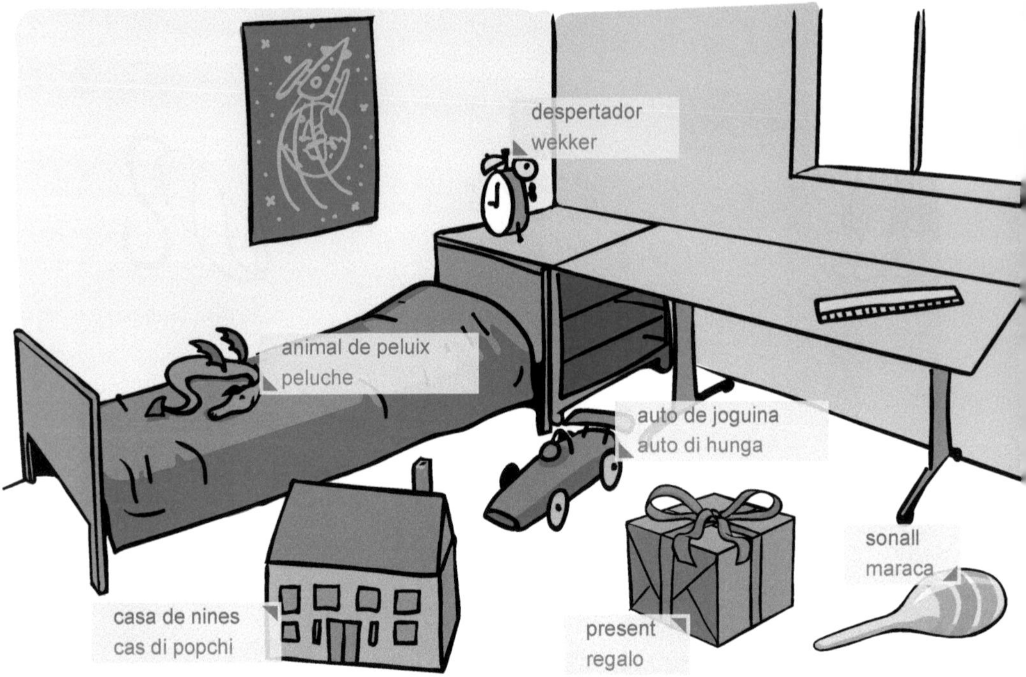
despertador
wekker
animal de peluix
peluche
auto de joguina
auto di hunga
sonall
maraca
casa de nines
cas di popchi
present
regalo

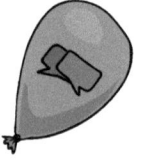

baló

blaas

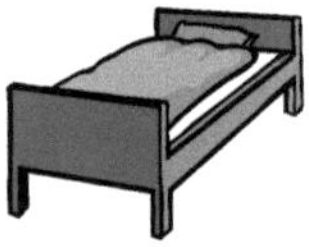

llit

cama

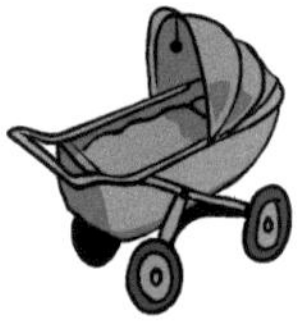

cotxet per a nens

stroller

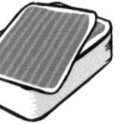

joc de cartes

baraha di carta

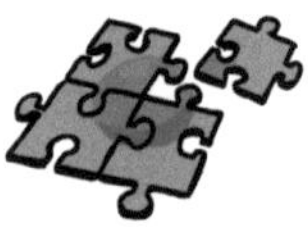

trencaclosca

puzzel

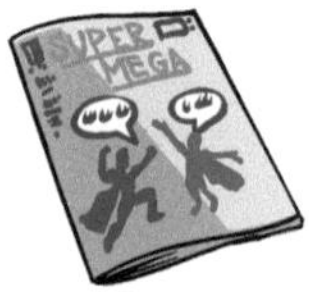
SUPER
MEGA

historieta

comic

peces de lego
lego

peces de construcció
bloki di hunga

ninot d'acció
figura di accion

granota
romper

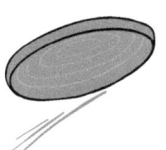

frisbee
frisbee

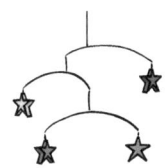

mòbil per a bressol
mobil

joc de taula
wega di mesa

daus
dou

tren elèctric
set di trein

xumet
chupon

festa
fiesta

llibre de dibuixos
buki di prenchi

pilota
bala

nina
popchi

jugar
hunga

sorrera

zandbak

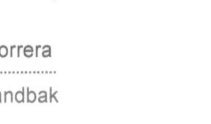

gronxador

zoya

joguines

cos di hunga

consola de jocs de vídeo

videogame

tricicle

tricycle

osset de peluix

beer

armari

cashi di paña

roba

paña

mitjons

mea

mitges

mea

mitja pantaló

pantyhose

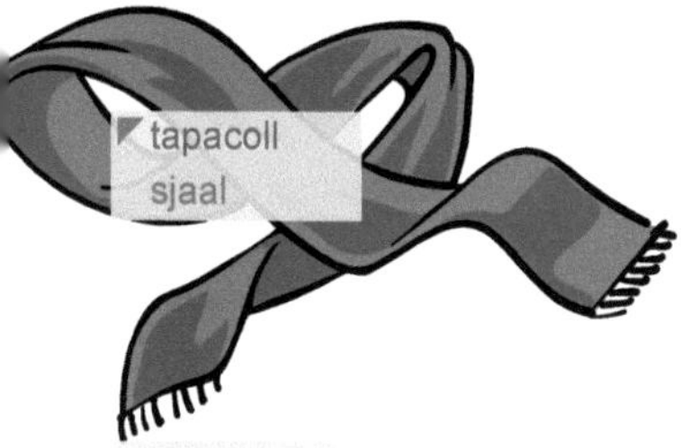

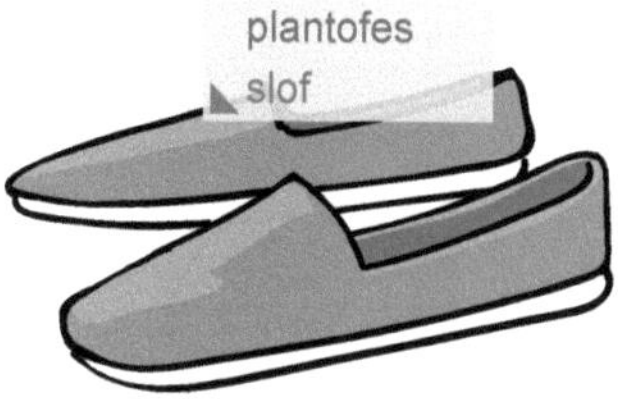

tapacoll
sjaal

paraigua
paraplu

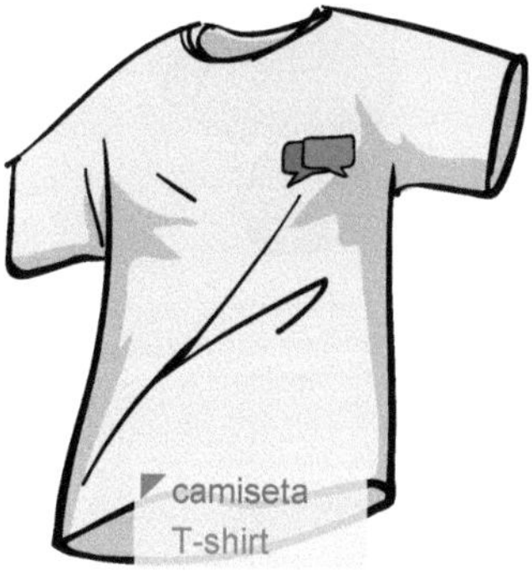

camiseta
T-shirt

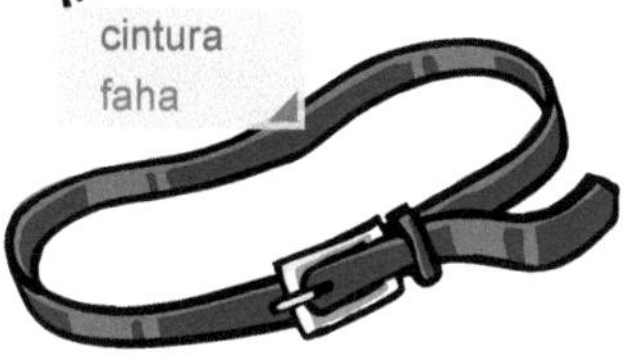

cintura
faha

botes
boots

plantofes
slof

sabates d'esport
keds

sandàlies
sandalia

sabates
sapato

botes de goma
laars di rubber

calçonets
carsonsio

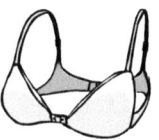

sostenidor
bh

guardapits
flanel

jjustacòs
body

pantalons
carson

jeans
jeans

faldeta
saya

brusa
blusa

camisa
camisa

jersei
sweater

dessuadora
sweater

blazer
blazer

jaqueta
jacket

mantell
jas

impermeable
regenjas

vestit de dona
flus

vestit de dona
shimis

vestit de núvia
shimis di bruid

vestit d'home

flus

camisa de dormir

yapon

pijama

pidjama

sari

sari

mocador de cap

lenso di cabes

turbant

turban

burca

burqa

caftan

kaftan

abaia

abaya

vestit de bany

zwempak

calçon(et)s de bany

zwembroek

pantalons curts

carson cortico

xandall

trainingspak

davantal

lantera

guants

handschoen

botó

boton

ulleres

bril

braçalet

armband

collaret

cadena

anell

renchi

orellera

renchi di horea

casquet

pechi

penjador

kapstok

capell

sombre

corbata

dashi

cremallera

ziper

casc

helm

elàstics

guiel

uniforme escolar

uniform di scol

uniforme

uniform

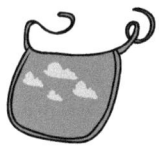

pitet

babado

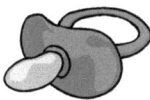

xumet

chupon

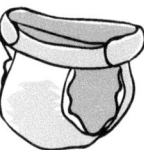

bolquer

bruki

oficina

oficina

servidor
server
armari arxivador
filekast
impressora
printer
paper
papel
monitor
pantaya
ratolí
mouse
escriptori
lessenaar
arxivador
map
teclat
keyboard
paperera
bari di sushi
ordinador
computer
cadira
stoel

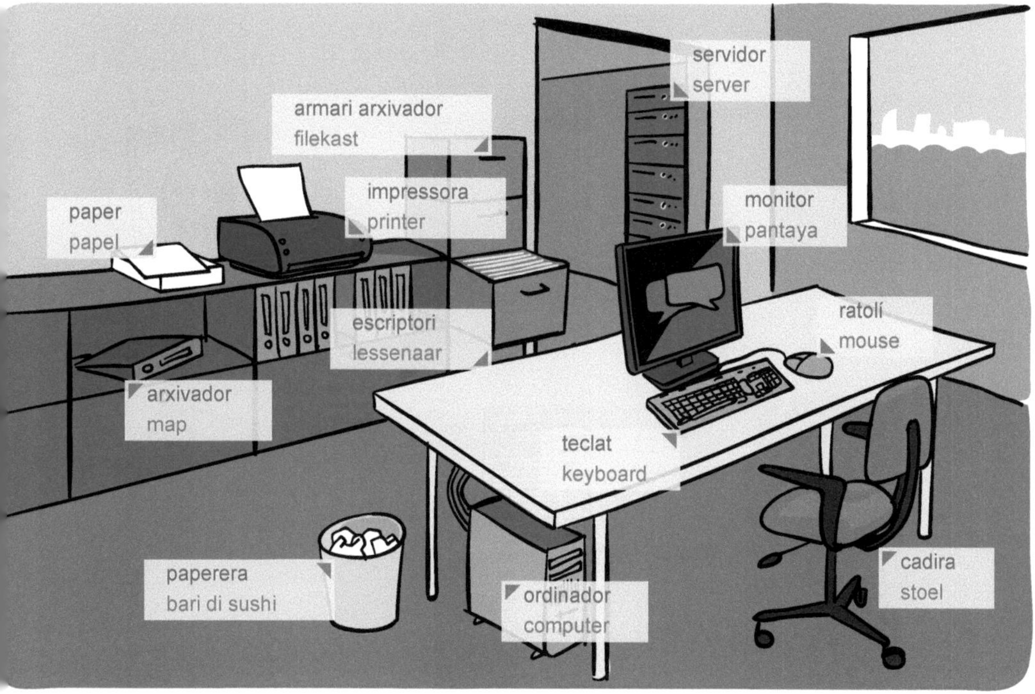

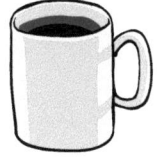

tassa de cafè

copi pa bebe koffie

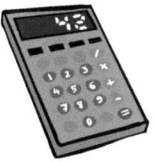

calculadora

calculator

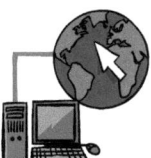

Internet

internet

ordinador portàtil

laptop

lletra

carta

missatge

mensahe

mòbil

celular

xarxa

red

fotocopiadora

mashin di copia

programari

software

telèfon

telefon

presa de corrent

stopcontact

fax

fax mashin

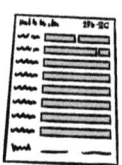

formulari

formulario

document

documento

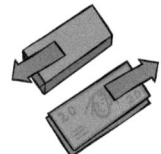

comprar
cumpra

pagar
paga

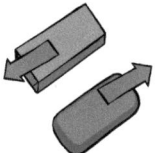

comerciar
negosha

diners
placa

dòlar
dollar

euro
euro

ien
yen

ruble
roebel

franc suís
frank suiso

renminbi
yuan renminbi

rupia
roepi

caixa automàtica
bancomatico

oficina de canvi

oficina di cambio

or

oro

argent

plata

petroli

azeta

energia

energia

preu

prijs

contracte

contract

impost

impuesto

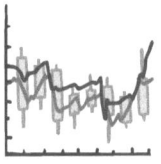

acció

share

treballar

traha

treballador

empleado

empresari

dunado di trabou

fàbrica

fabrica

botiga

tienda

oficial de policia
agente policial

bomber
bombero

cuiner
coki

doctora
dokter

pilot
piloto

jardiner

hardinero

fuster

carpinte

costurera

cosedo

jutge

hues

química

kimico

actor

actor

conductor d'autobús

chauffeur di bus

taxista

chauffeur di taxi

pescador

piscado

dona de la neteja

hende cu ta haci cas limpi

ensostrador

drechado di dak

cambrer

waiter

caçador

jaagdo

pintor

verfdo

forner

panadero

electricista

electricista

obrer de la construcció

trahado den construccion

enginyer

ingeniero

carnisser

carnicero

llanterner

loodgieter

correu

partido di carta

soldat

solda

arquitecte

arkitecto

caixera

cahero

florista

florista

perruquer

pelukero / pelukera

revisor

controlado di ticket

mecànic

mecanico

capità

capitan

dentista

dentista

científic

cientifico

rabí

rabbi

imam

imam

monjo

monk

capellà

pastor

eines
herment

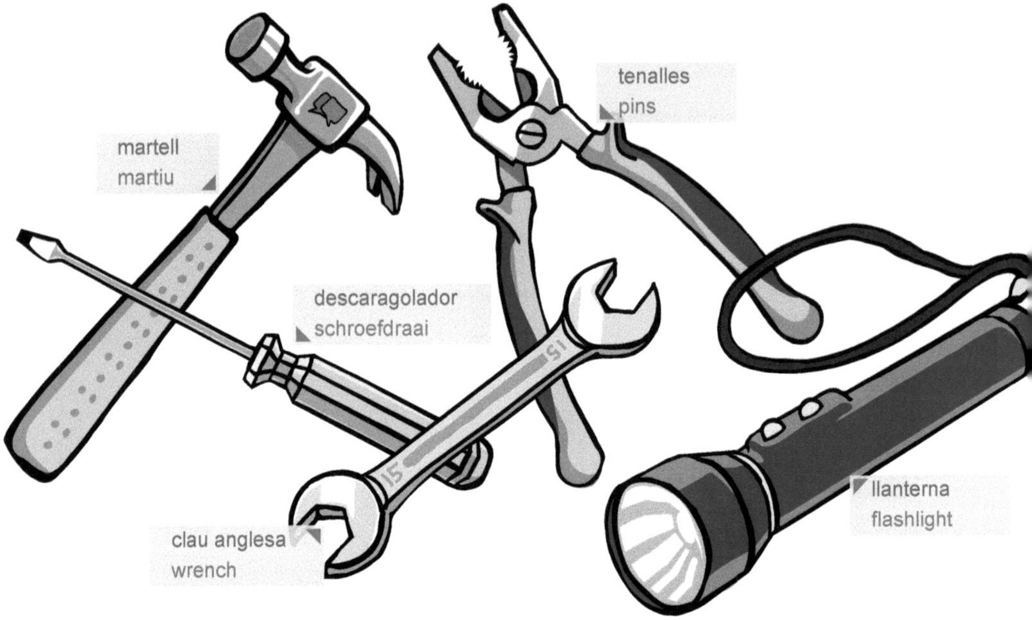

martell
martiu
tenalles
pins
descaragolador
schroefdraai
clau anglesa
wrench
llanterna
flashlight

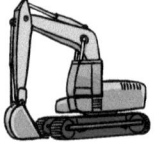

excavadora

bulldozer

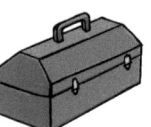

caixa d'eines

caha di herment

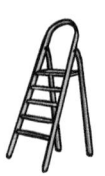

escala

trapi

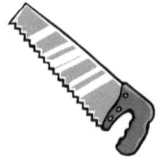

serra

zaag

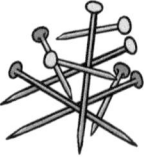

claus

clabo

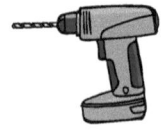

trepant

boormashin

reparar

drecha

pala

shobel

Maleït siga!

caraho!

pala

scop

pot de pintura

bleki di verf

caragols

schroef

instrument de música
instrumento musical

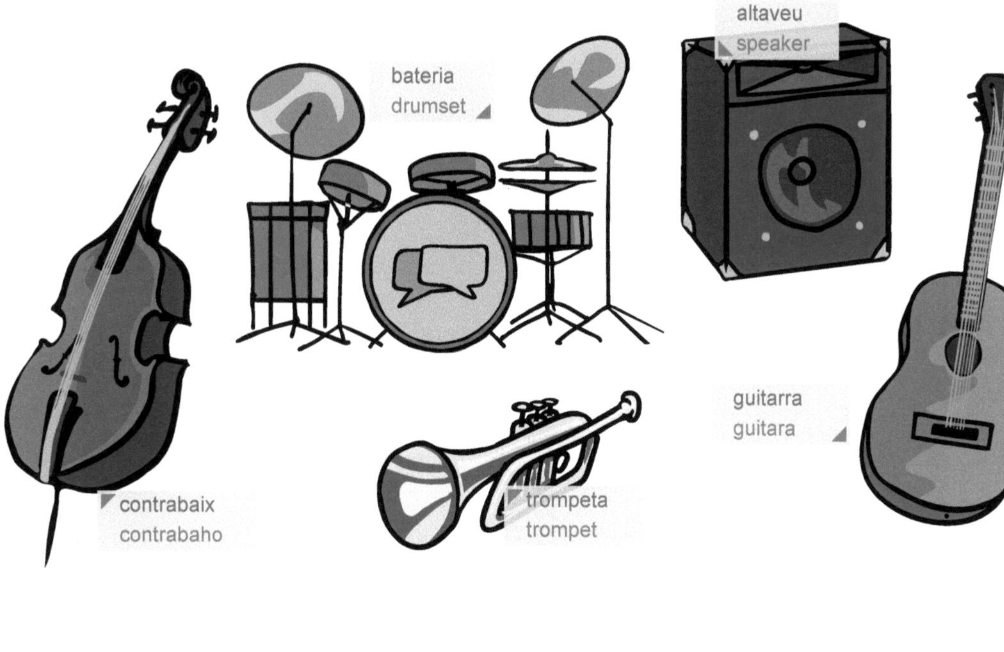

bateria
drumset

altaveu
speaker

guitarra
guitara

contrabaix
contrabaho

trompeta
trompet

piano

piano

violí

fio

baix

baho

timbal

timbal

tambor

tambu

teclat

keyboard

saxofon

saxofon

flauta

fluit

micròfon

microfon

instrument de música - instrumento musical

ZOO
parke di bestia

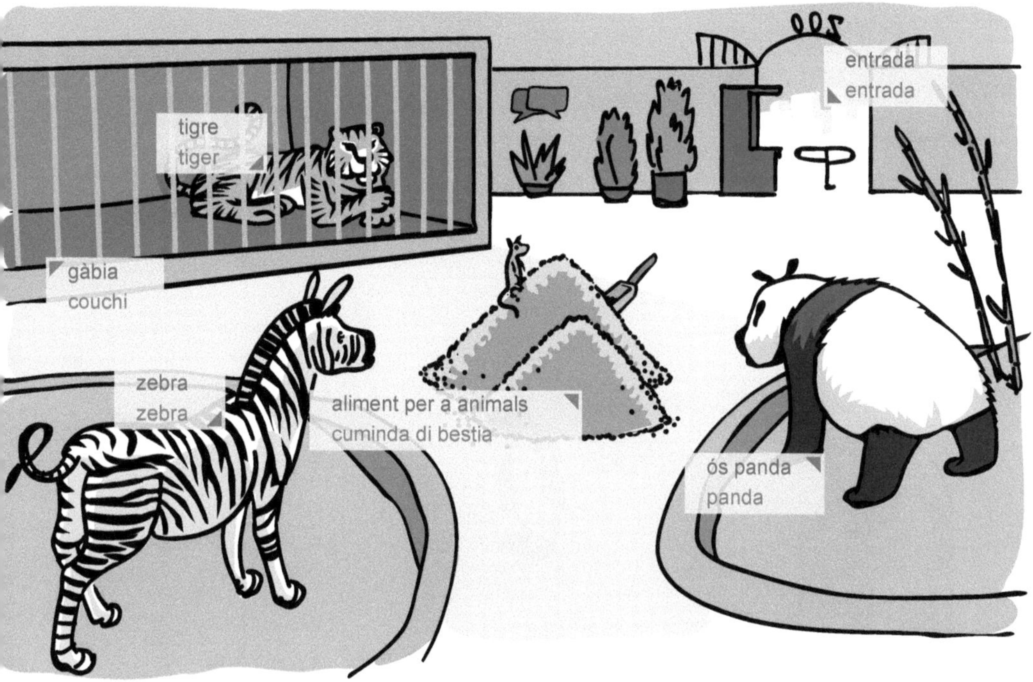

entrada
entrada
tigre
tiger
gàbia
couchi
zebra
zebra
aliment per a animals
cuminda di bestia
ós panda
panda

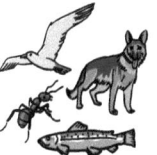

animals
animal

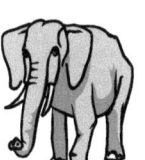

elefant
olifante

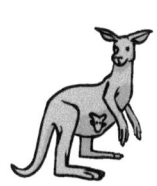

cangurú
cangaru

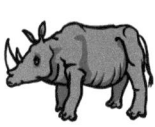

rinoceront
neushoorn

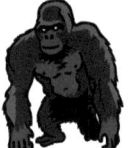

goril·la
gorila

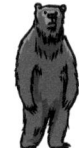

ós
beer

camell

camel

estruç

avestruz

lleó

leon

simi

macaco

flamenc

flamingo

papagai

lora

ós polar

beer polar

pingüí

pinguin

ca mari

tribon

paó

pauwies

serp

colebra

cocodril

caiman

guardià del zoo

cuidado di bestia

foca

cacho di awa

jaguar

jaguar

poni

pony

lleopard

leopardo

hipopòtam

hipopotamo

girafa

giraf

àliga

aguila

senglar

porco di mondi

peix

pisca

tortuga

turtuga

morsa

walrus

guineu

vos

gasela

gazelle

futbol americà
futbol Americano

ciclisme
ciclismo

tenis
tennis

bàsquet
basketball

natació
landamento

boxa
boxeo

hoquei sobre gel
ice hockey

futbol americà
··············
futbol

bàdminton
··············
badminton

atletisme
··············
atletismo

handbol
··············
handbal

esquí
··············
ski

polo
··············
polo

saltar
bula

abraçar
brasa

riure
hari

anar
cana

cantar
canta

somiar
soña

pregar
resa

fer un petó
sunchi

escriure
skirbi

dibuixar
pinta

mostrar
mustra

pitjar
primi

donar
duna

prendre
coy

tenir

tin

fer

haci

ésser

ta

estar dret

para

córrer

core

estirar

ranca

llançar

tira

caure

cay

jeure

drumi

esperar

warda

portar

carga

asseure's

sinta

vestir-se

bisti

dormir

drumi

despertar-se

lanta fo'i soño

mirar
mira

plorar
yora

amoixar
caricia

pentinar
peña

parlar
papia

comprendre
compronde

demanar
puntra

escoltar
scucha

beure
bebe

menjar
come

endreçar
ruim op

estimar
stima

cuinar
cushna

conduir
bai

volar
bula

activitats - actividad

navegar

zeilo

calcular

conta

llegir

lesa

aprendre

siña

treballar

traha

casar-se

casa

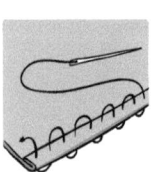

cosir

cose

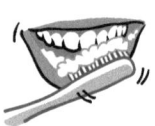

raspallar-se les dents

skeiro djente

matar

mata

fumar

huma

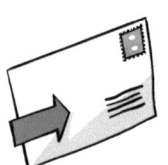

enviar

manda

àvia
wela

avi
welo

pare
tata

mare
mama

nadó
baby

filla
yiu muhe

fill
yiu homber

convidat

huesped

tia

tanta

oncle

omo

germà

ruman homber

germana

ruman muhe

cos
curpa

front
frenta
ull
wowo
espatlla
schouder
dit
dede
cara
cara
barbeta
cachete
mà
man
cama
pia
pit
pecho
braç
brasa

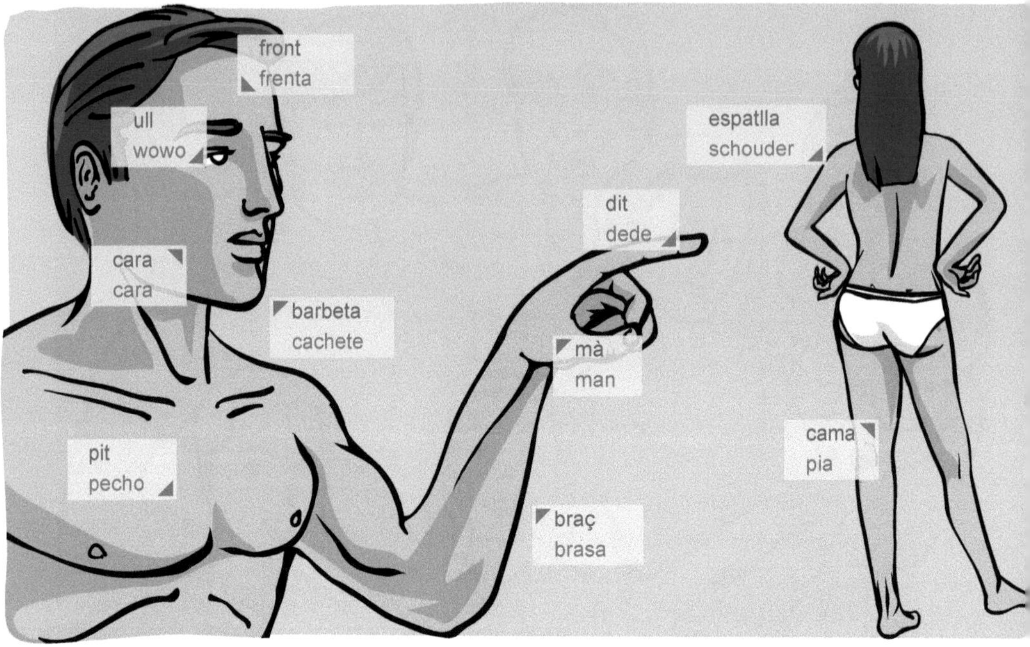

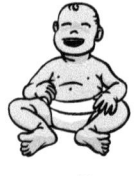

nadó

baby

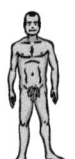

home

homber

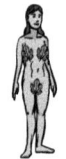

dona

muhe

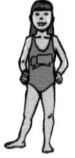

noia

mucha muhe

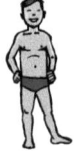

noi

mucha homber

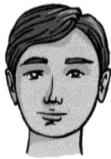

cap

cabes

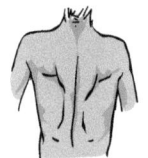

esquena

lomba

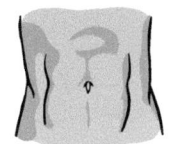

panxa

bariga

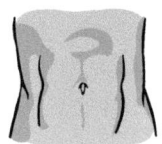

melic

lombrishi

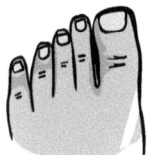

dit gros del peu

dede di pia

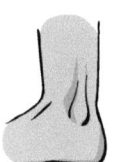

taló

hilchi

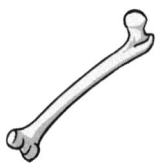

os

weso

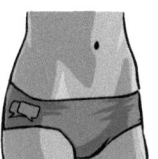

maluc

heup

genoll

rudia

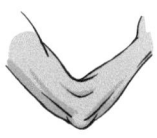

colze

elleboog

nas

nanishi

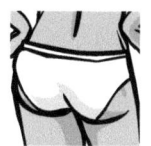

cul

chanchan

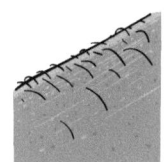

pell

cuero

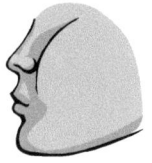

galta

wang

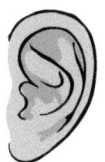

orella

horea

llavi

lip

cos - curpa

boca

boca

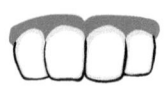

dent

djente

llengua

lenga

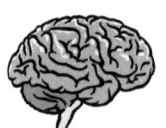

cervell

celebro

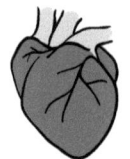

cor

curason

múscul

musculo

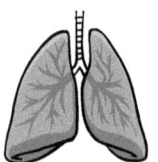

pulmó

pulmon

fetge

higra

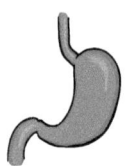

estómac

stoma

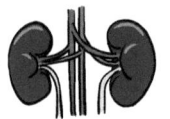

ronyó

nier

relació sexual

sex

preservatiu

condon

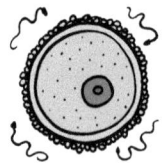

ovari

ovulo

semen

sperma

prenyat

embaraso

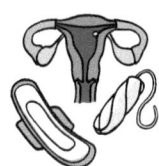

menstruació

menstruacion

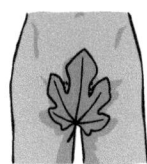

vagina

vagina

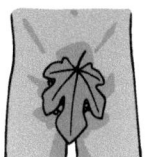

penis

penis

cella

wenkbrauw

cabells

cabey

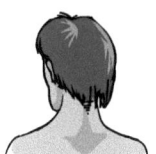

coll

nek

hospital
hospital

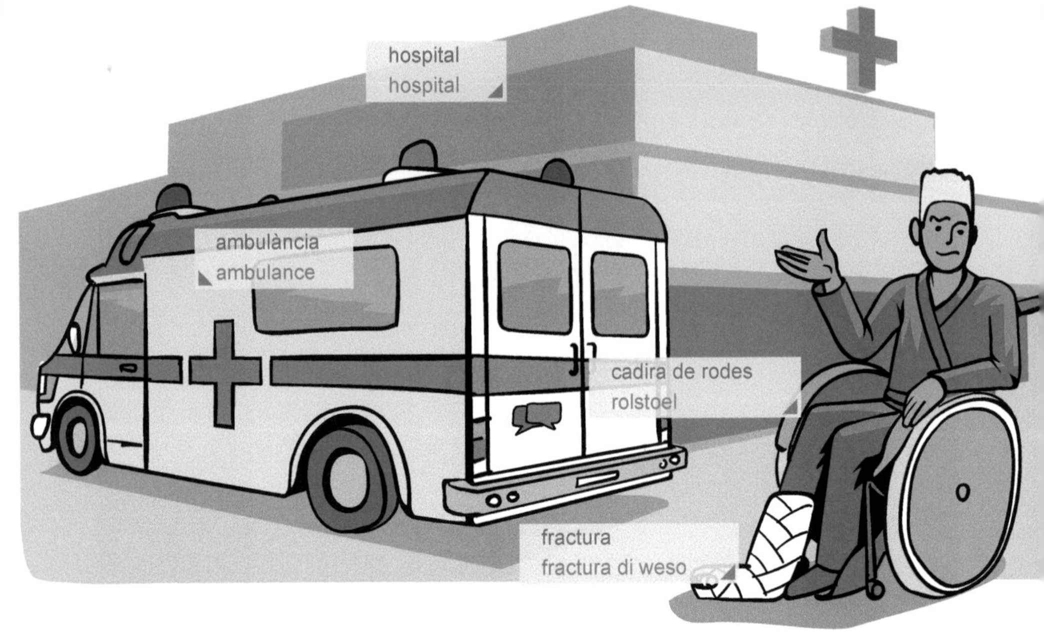

hospital
hospital
ambulància
ambulance
cadira de rodes
rolstoel
fractura
fractura di weso

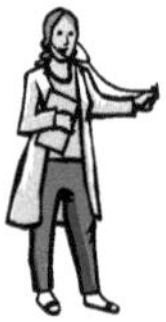

doctora

dokter

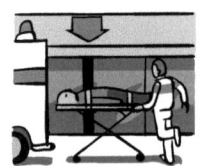

sala d'urgències

EHBO (prome asistencia/eerste hulp)

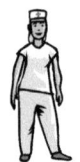

infermera

nurse

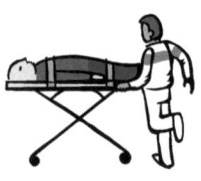

urgència

caso di emergencia

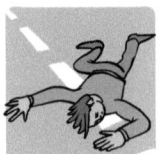

inconscient

fo'i tino

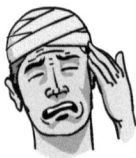

dolor

dolor

ferida
lesion

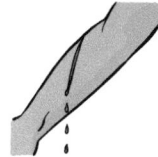

sagnament
sangramento

atac de cor
ataca di curason

apoplexia
ataca celebral

al·lèrgia
alergia

tos
tosa

febre
keintura

gripa
griep

diarrea
diarea

mal de cap
dolor di cabes

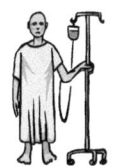

càncer
cancer

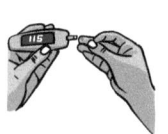

diabetis
diabetes

cirurgià
ciruhano

escalpel
scalpel

operació
operacion

tomografia computada (TC), TAC
....
CT

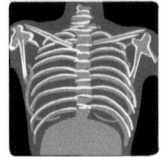

raigs x
....
x-ray

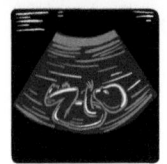

ultrasò
....
echo

mascareta
....
masker contra stof

malaltia
....
malesa

sala d'espera
....
sala di espera

crossa
....
kruk

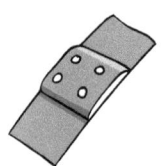

tireta
....
pleister

embenat
....
verband

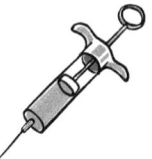

injecció
....
inyeccion

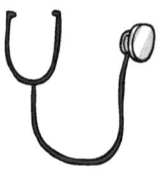

estetoscopi
....
stetoscop

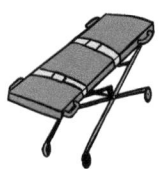

llitera
....
brancard

termòmetre clínic
....
thermometer

pariment
....
nacemento

sobrepès
....
sobrepeso

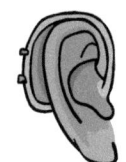

aparell auditiu

aparato pa oido

desinfectant

desinfectante

infecció

infeccion

virus

virus

VIH / SIDA

HIV / AIDS

medicina

remedi

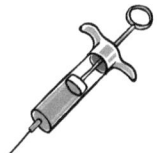

vaccí

vacuna

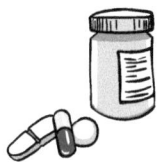

comprimits

pilder

píl·lola

pilder

trucada d'urgència

yamada di emergencia

tensiòmetre

aparato pa midi presion

malalt / sà

malo / saludabel

Socors!

auxilio!

assalt

atraco

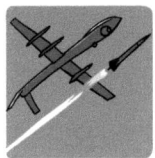

atac

atake

perill

peliger

sortida-eixida d'urgència

salida di emergencia

alarma

alarma

Foc!

candela

extintor

brandspuit

accident

desgracia

farmaciola de primers auxilis

caha di prome asistencia

SOS

SOS

policia

polis

Europa

Europa

Amèrica del Nord

Noord America

Amèrica del Sud

Sur America

Àfrica

Africa

Àsia

Asia

Austràlia

Australia

Atlàntic

Oceano Atlantico

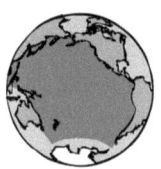

Pacífic

Oceano Pacifico

Oceà Índic

Oceano Indio

Oceà Antàrtic

Oceano Antartico

Oceà Àrtic

Oceano Artico

pol nord

Noordpool

pol sud
Zuidpool

Antàrtida
Antartica

terra
mundo

país
tera

mar
lama

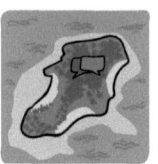

illa
isla

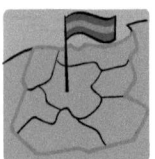

nació
nacion

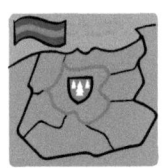

estat
estado

quadrant

holoshi analog

agulla de les hores

wijzer chikito

agulla dels minuts

wijzer grandi

agulla dels segons

wijzer di seconde

Quina hora és?

Cuant'or tin?

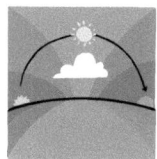

dia

dia

temps

tempo

ara

awor

rellotge digital

holoshi digital

minut

minuut

hora

ora

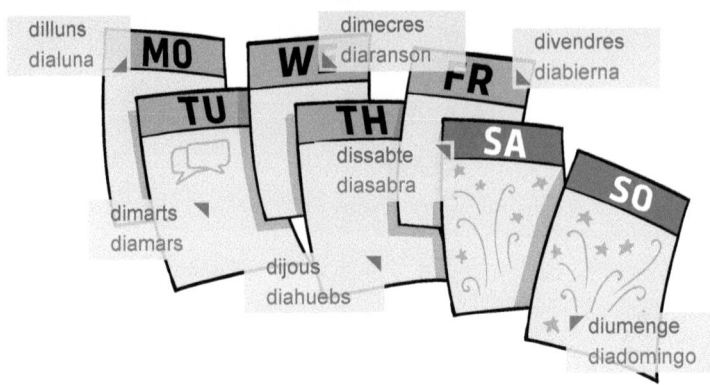

dilluns
dialuna

dimecres
diaranson

divendres
diabierna

dimarts
diamars

dissabte
diasabra

dijous
diahuebs

diumenge
diadomingo

ahir

ayera

avui

awe

demà

mañan

matí

mainta

migdia

merdia

tarda

anochi

dia feiner

dia di trabou

cap de setmana

weekend

any
aña

pluja
awacero
arc de Sant Martí
arco iris
neu
sneeuw
vent
biento
primavera
lente
tardor
herfst
estiu
zomer
hivern
winter

4.APRIL 11°
5.APRIL 4°
6.APRIL 13°
7.APRIL 8°
8.APRIL 10°

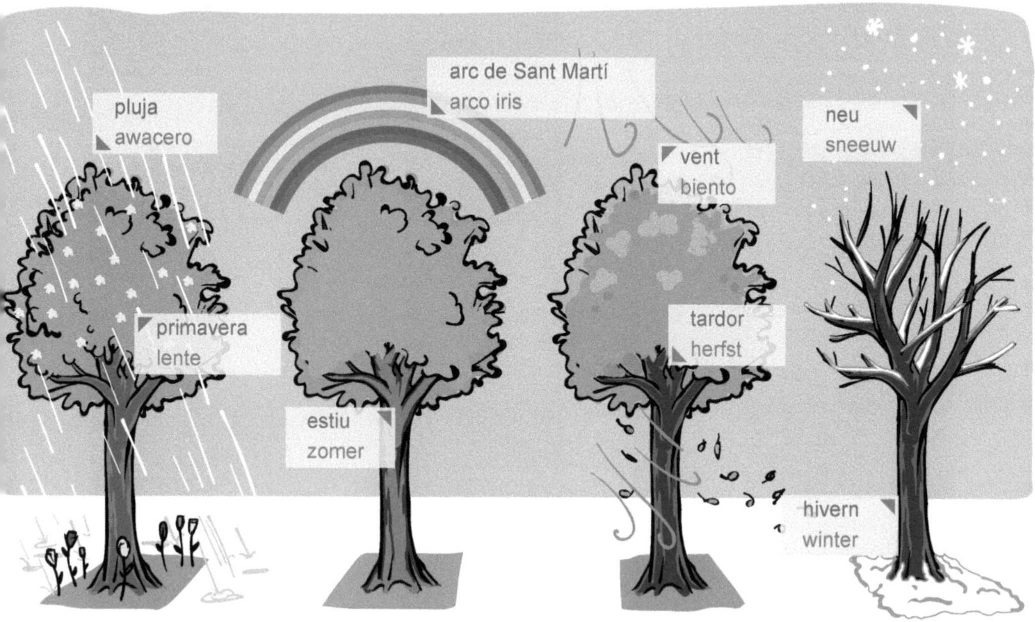

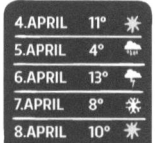

pronòstic del temps

pronostico di tempo

F C
120 40
90 30
60 20
30 10
0 0
-30 -10
-20

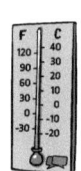

termòmetre

thermometer

llum del sol

solo ta briya

núvol

nubia

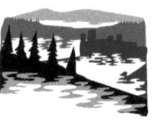

boira

neblina

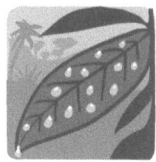

humiditat de l'aire

humedad

llamp

lamper

tro

strena

tempesta

mal tempo

calamarsa

hagel

monsó

mal tempo

inundació

inundacion

gel

ijs

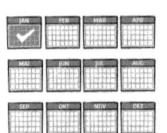

gener

januari

febrer

februari

març

maart

abril

april

maig

mei

juny

juni

juliol

juli

agost

augustus

any - aña

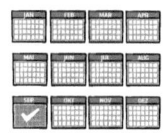

setembre
....
september

octubre
....
october

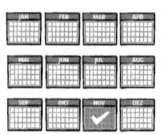

novembre
....
november

desembre
....
december

formes
forma

cercle
....
circulo

quadrat
....
cuadra

rectangle
....
rectangulo

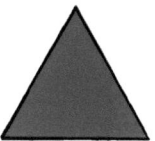

triangle
....
triangulo

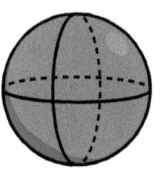

esfera
....
bol

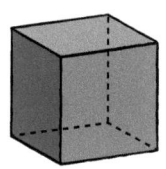

cub
....
kubus

blanc

blanco

groc

geel

taronja

oraňo

rosa

ros

vermell

cora

lila

biňa

blau

blauw

verd

berde

marró

bruin

gris

shinishi

negre

preto

molt / poc
....
hopi / tiki

emprenyat / tranquil
....
rabia / trankil

bonic / lleig
....
bunita / mahos

començament / fi
....
comienso / final

gran / petit
....
grandi / chikito

clar / fosc
....
cla / scur

germà / germana
....
ruman homber / ruman
muhe

net / brut
....
limpi / sushi

complet / incomplet
....
completo / incompleto

dia / nit
....
dia / anochi

mort / viu
....
morto / bibo

ample / estret
....
hancho / smal

comestible / immenjable

comibel / incomibel

dolent / amable

mal hende / bon hende

entusiasmat / entediat

ansioso / ferfela bo mes

gros / prim

gordo / flaco

primer / darrer

prome / ultimo

amic / enemic

amigo / enemigo

ple / buit

yen / bashi

dur / tou

duro / moli

pesant / lleuger

pisa / lihe

gana / set

hamber / sed

malalt / sà

malo / saludabel

il·legal / legal

ilegal / legal

intel·ligent / ximple

inteligente / sabi

esquerra / dreta

robes / drechi

prop / llunyà

cerca / leu

nou / usat

nobo / uza

res / quelcom

nada / algo

vell / jove

bieu / jong

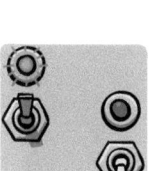

encès / apagat

cendi / paga

obert / tancat

habri / cera

silenciós / sorollós

keto / duro

ric / pobre

rico / pober

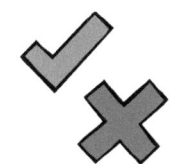

correcte / incorrecte

bon / fout

aspre / suau

grof / liso

trist / content

tristo / contento

curt / llarg

cortico / largo

lent / ràpid

pocopoco / lihe

humit / sec - eixut

muha / seco

calent / fred

cayente / friu

guerra / pau

guera / paz

cifra

0	**1**	**2**
zero	u	dos
cero	un	dos

3	**4**	**5**
tres	quatre	cinc
tres	cuater	cinco

6	**7**	**8**
sis	set	vuit
seis	shete	ocho

9	**10**	**11**
nou	deu	onze
nuebe	dies	diesun

12

dotze

diesdos

13

tretze

diestres

14

catorze

diescuatro

15

quinze

diescinco

16

setze

diesseis

17

disset

diesshete

18

divuit

diesocho

19

dinou

diesnuebe

20

vint

binti

100

cent

shen

1.000

mil

mil

1.000.000

milió

miyon

anglès

Ingles

anglès americà

Ingles Mericano

xinès mandarí

Chines Mandarin

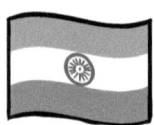

hindi

Hindi

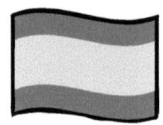

espanyol

Spaño

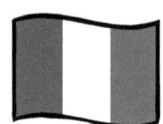

francès

Frances

àrab

Arabe

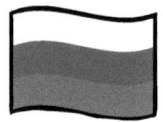

rus

Ruso

portuguès

Portugues

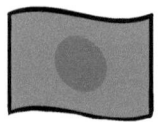

bengalí

Bengal

alemany

Aleman

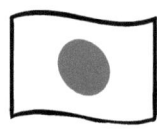

japonès

Hapones

jo

ami

tu

abo

ell / ella / allò

e

nosaltres

nos

vosaltres

boso

ells

nan

qui?

ken?

què?

kico?

com?

con?

on?

unda?

quan?

ki ora?

nom

nomber

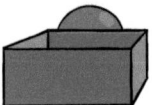

darrere

patras

en

den

davant de

dilanti di

damunt

ariba

sobre

riba

sota

bou di

al costat

banda di

entre

entre

lloc

luga